Himmlische Hilfe für jeden Tag

von

Doreen Virtue

Einladung

Dieser kleine Kalender enthält 365 wunderbare Engelbotschaften und Affirmationen, die Ihren Alltag mit mehr Liebe, Glück, Frieden und Erfolg erfüllen werden.

Gönnen Sie sich täglich ein wenig Zeit, um mit der liebevollen Energie Ihrer Schutzengel in Kontakt zu treten und sich von ihrer himmlischen Weisheit inspirieren zu lassen.

Die Engel werden Ihnen jeden Tag eine bestimmte Sichtweise oder ein bestimmtes Verhalten vorschlagen, damit Sie Ihr Leben positiver gestalten können. Die Affirmationen helfen Ihnen, diese göttlichen Impulse kreativ in Ihrem Alltag zu verankern.

Gott und die Engel möchten, dass wir ein glückliches und gesundes Leben führen, und sie stehen uns in allen Momenten eines jeden Tages mit ihrer Unterstützung zur Verfügung.

Ich bete darum, dass Sie dem Himmel erlauben werden, Sie zu führen und zu lieben.

Ihre
Doreen Virtue

Sei dir gewiss,
dass wir immer
bei dir sind.

Alles, wonach du dich sehnst,
wartet in jedem Moment auf dich,
in dem du die Augen schließt,
gleichmäßig atmest und Körper und
Geist zur Ruhe kommen lässt.

Ich übernehme
die Verantwortung
für mein Leben
und verstärke
die Intensität
des Guten.

Sei heute direkt in deinem Umgang
und in der Kommunikation mit anderen
und erlaube dir und deiner Energie,
auf liebevolle Weise ehrlich zu sein.

Ich vergesse die Zeit.
Ich lege meine
Armbanduhr ab und
vertraue der Führung
meiner inneren Uhr.
Ich bin auf himmlische
Weise pünktlich.

Ich lasse meine Freundlichkeit
frei fließen, durch liebevolle Worte,
Energien, Gedanken und indem
ich anderen helfe.

Verwöhne dich heute selbst ...
und nicht nur heute, sondern jeden Tag.

Ich freue mich an dem Wissen,
dass ich alles, was ich mir wünsche,
bereits besitze und mich
daran erfreuen kann.

Wir werden dir helfen, heute mit Liebe loszulassen, und versichern dir, dass Gottes Weisheit dir bereits alles Notwendige zur Verfügung stellt.

Triff eine klare Entscheidung
für das, was du möchtest,
und stell heute in Hinblick auf das
von dir gewünschte Ergebnis
deine Schalter auf »Hoch«.

Unsere Liebe
für dich ist
ewig und
ununterbrochen,
denn wir
sehen stets
deine wahre
Vollkommenheit.

Ich bin in diesem Augenblick
von herrlichem, heilendem Licht erfüllt.
Göttliche Strahlen leuchten mir den Weg
und leiten meine nächsten Schritte.

Umsorgende und
aufrichtende Liebe
ist die richtige Medizin
gegen die Angst.

Erinnere dich während des Tages
immer wieder an deine Göttlichkeit
und würdige deine Heiligkeit
bei allem, was du tust.

Wenn du
deine Träume
und Wünsche
klar formulierst
und sie dann
dem Universum
überlässt, können
sie sehr schnell
wahr werden.

Ich bleibe mir selbst treu
und berücksichtige meine Gefühle.
Ich darf jederzeit »Nein« sagen,
wenn ich mich dazu angeleitet fühle.

Ich bitte meine
Engel im Laufe des
Tages immer wieder
um Unterstützung.
Wir sind eine Einheit,
ein perfektes
und wunderbar
eingespieltes Team.

Das Universum beschenkt
mich mit seiner Fülle,
und Gottes Segen ruht auf mir.

Nimm dir heute Zeit
und treibe dich
nicht ständig selbst
zur Eile an – nimm
das Leben leicht.

Mein Herz ist offen für
meine Wahrheit, und ich bitte
meine Engel um Hilfe,
sie anderen gegenüber liebevoll
auszudrücken.

Du bist ein herrliches Beispiel für die
Schöpferkraft Gottes, absolut vollkommen
und eine reine Freude für die Welt.

Wir werden dich daran erinnern, dass alle Bedürfnisse, die du auf deinem Weg hast, zur rechten Zeit erfüllt werden.

Ich genieße
das Gefühl
des Friedens,
der sich einstellt,
wenn ich mich
selbst ehre
und respektiere.

Ehrlichkeit dir selbst gegenüber ist ein Meilenstein beim Erlangen von Selbstbewusstsein, das wiederum das Fundament für Selbstliebe ist.

Ich erfülle alles, was ich sage,
mit Liebe und spreche
liebevoll über mich selbst
und alle anderen.

Zögere keinen Augenblick länger,
jede Anwandlung von Angst und Zweifel
in die ausgestreckten Hände
der himmlischen Mächte zu legen.

Wisse, dass dich das ganze Universum
in allem, was du denkst und fühlst,
bedingungslos unterstützt.

Ich werde heute mindestens eine Handlung vornehmen, um meine körperliche Gesundheit zu achten.

Triff heute die Absicht, deinen eigenen inneren Dialogen zu lauschen, und versuche, sie mit Humor, Mitgefühl und Liebe zu betrachten.

Ich begegne der Angst mit Gebeten. Anstatt mir das Schlimmste vorzustellen, was passieren könnte, bitte ich um Hilfe.

Alle Menschen
haben Schutzengel,
die ununterbrochen
über sie wachen,
und dazu gehören
natürlich auch
die Menschen,
die du liebst.

Ich öffne mich dem
Hören und Fühlen der Wahrheit.
Ich bin bereit, eine tiefe Verbindung
mit einem anderen Menschen einzugehen.

Wir werden bis in
alle Ewigkeit bei dir sein,
für immer an deiner Seite.

Von all deinen Versprechen
sind die, die du dir selbst gibst,
am wichtigsten.

Ich sehe die Geschenke,
die in jeder Situation
verborgen sind,
die mir widerfährt.
Ich bin stark,
standhaft und sicher.

Wir gehen immer auf dich ein, und zunächst könntest du unsere Antwort in deinem Herzen fühlen.

Indem ich mir
selbst meine
geheimsten Gefühle
eingestehe, erlange
ich ein tieferes
Verständnis und
Liebe für mich
selbst und andere.

Erfülle jede deiner
zukünftigen Minuten mit Liebe
und umhülle alle Momente des
kommenden Tages mit heilender Kraft.

Ich sehe
mit Freuden,
wie weit
ich schon
gekommen bin
und was ich
alles gelernt
habe.

Ich gehe behutsam und liebevoll
mit mir um. Ich erledige alles,
was ich tun muss, auf eine
unbeschwerte und freudige Weise.

Ewige
Schönheit
existiert
ständig
in deinem
Inneren
und in allem,
was dich
umgibt.

Atme jedes Empfinden
von Gefahr aus und atme
ein wohltuendes Gefühl von
Sicherheit und Frieden ein.

Um wunderbare
Freunde anzuziehen,
entwickle und lebe
die Qualitäten,
die du dir bei einem
Freund wünschst.

Ich halte inne und erfreue mich
am Duft der Rosen. Ich nehme mir Zeit,
ihren köstlichen Duft tief einzuatmen.

Deine Imagination ist der Ort,
an dem deine zukünftigen Erfahrungen
anfangen, Gestalt anzunehmen.

Ich riskiere es, erfüllt, glücklich
und zufrieden zu sein in dem Wissen,
dass ich den Mut aufgebracht habe,
an meine Träume zu glauben.

Wenn du dich im Laufe des Tages gestresst fühlst, achte darauf, tief ein- und auszuatmen.

Ich gebe und empfange gern,
aus der reinen Freude an
diesem Austausch.

Erzähle
Erzengel
Michael
von allen
Ängsten,
Zweifeln oder
Unsicherheiten,
die dich
vielleicht
plagen.

Ich bitte meine Engel, mir zu helfen, mein offenes Herz zu beschützen und mich in allen meinen Beziehungen anzuleiten.

Erstelle heute eine
Liste mit der Überschrift
»Danke, Universum«,
in der alles aufgeführt wird,
wofür du dankbar bist.

Ich bin sicher, jetzt und in Zukunft.
Meine Engel wachen jetzt und
immer über mich.

Wisse einfach, dass wir hier sind, wenn du neuen Auftrieb oder die Zusicherung brauchst, dass alles gut ist.

Ich rufe Erzengel Raphael herbei,
damit er mich festhält und
mit der wohltuenden Energie
des Friedens umgibt.

Ich nehme Kontakt mit
den Naturengeln auf.
Ich genieße es, Zeit
bei Pflanzen und
Tieren zu verbringen.

Konzentriere dich heute
auf Einfachheit. Frage dich selbst,
ob es einen leichteren Weg gibt,
mit jeder Situation in deinem
Leben umzugehen.

Gönne dir das Vergnügen,
heute alles anders zu machen als sonst.

Ich achte auf die liebevollen Äußerungen, die ich heute in meinem Inneren und mit meinen physischen Ohren vernehme.

Anstatt dich mit Sorgen und Mühe herumzuplagen, die deinen Geist verdunkeln, überlasse sie uns alle.

Ich öffne meine Arme,
um all die wertvollen Dinge zu empfangen,
die der Himmel mir bringt.

Ich greife nach neuen Möglichkeiten.
Ich genieße es, mich selbst auf neue Weise
zu strecken und auszudehnen.

Du bist in jeder Hinsicht ein Gewinner.
Je mehr du diese Tatsache verinnerlichst,
desto stärker *lebst* du sie.

Beten kann dir helfen,
in Zeiten von
Verwirrung oder
Unentschlossenheit
deinen Geist zu klären.

Jeder deiner freundlichen Gedanken, jedes liebevolle Wort und jede positive Tat besitzt eine heilende Wirkung.

Ich atme tief ein und spüre
die fürsorgliche Gegenwart meiner Engel.

Erzengel Azrael, ich bitte dich,
mein Herz von jeglicher Trauer zu heilen,
die mein Bewusstsein um die Präsenz
der Liebe blockiert.

Erlaube der
Welt deiner
Fantasie,
sich frei zu
entfalten,
und achte
auf ihre
genialen
Einfälle.

Ich mache kleine Schritte
in Richtung der Realisierung
meiner wahren Herzensträume.

Ich vertraue
meiner
Weisheit,
und ich
liebe es,
Neues
zu lernen.

Gehe an Meditation heran
wie an ein köstliches Mahl,
denn sie ist wirklich
ein spirituelles Bankett.

Singen erlaubt dir, tiefe Gefühle zu vermitteln,
die über die Grenzen bloßer Worte hinausgehen.

Ich beseitige nacheinander jedes Durcheinander in meinem Leben. Ich nehme mir Zeit dafür, irgendeinen Bereich in meinem Leben neu zu organisieren.

Schreibe genau auf, was du heute tun und erreichen willst, und unterzeichne den Text mit einem »Danke«.

Ich säe ein Samenkorn aus
und mache einen Schritt in Richtung
Realisierung meiner Träume.
Ich pflege sowohl die Pflanze
als auch meine Ziele.

Erweitere deine Grenzen bis hin
zum Rausch der Begeisterung.
Genieße deine herrliche Lebendigkeit!

Die besten Dinge im Leben sind einfach,
daher lasse ich jetzt alle unnötigen
Schwierigkeiten in meinem Leben los.

Ich bin wagemutig.
Ich durchschreite die
Tore des Mutes und
betrete eine neue
Welt der Wunder
und köstlichen
Überraschungen.

Führe heute regelmäßig innere Dialoge
mit jedem Bereich deines Körpers,
der deine Aufmerksamkeit erfordert.

Genieße deine stillen Momente heute
in dem Wissen, dass du damit deine
Bedürfnisse und Wünsche nährst.

Ich gehe liebevoll mit mir um
und nehme dieses Gefühl überall
in meiner Umgebung wahr.

Ich rufe Erzengel
Ariel herbei und
erlaube meiner
Imagination,
mit endlosen
Möglichkeiten
zu brillieren und
zu leuchten.

Alle Lebenserfahrungen,
die angenehmen wie die schwierigen,
enthalten tiefe Weisheiten für dich.

Ich tue heute etwas Ungewöhnliches,
was den Tag *außergewöhnlich* macht.

Sorge für dich selbst wie für deine Familie, Freunde und die ganze Welt. Erweise dir selbst Wertschätzung, um auf diese Weise jeden Menschen auf der Erde wertzuschätzen.

Ich werde langsamer und
bemerke die Einzelheiten
und kleinen Freuden des Lebens.

Wenn du deine Gedanken so frei
wie einen Drachen im Sommerwind
fliegen lässt, wirst du überrascht sein,
welche kreativen Eingebungen
dir zuteilwerden.

Es macht
mir großes
Vergnügen,
mir für einen
besonderen
Menschen
eine schöne
Überraschung
auszudenken.

Widme dich heute deinen Wünschen,
indem du oft an sie denkst
und sie mit positiven Gedanken
und Emotionen umgibst.

Ich lasse alte Ängste los, da sie nie Teil meines wahren Selbst gewesen sind. Ich bin jetzt und immer stark.

Du hast stets Verbündete an deiner Seite, die bereit sind, dir zu helfen, wann immer du sie darum bittest.

Ich gebe mir die
Erlaubnis, mein
Leben selbst
in die Hand zu
nehmen und die
Veränderungen
herbeizuführen,
die meinem
Herzen Freude
bringen.

Halte heute deine Versprechen
dir selbst und anderen gegenüber ein.
Es ist die Mühe wert bei den Belohnungen,
die dir winken ... versprochen!

Ich mache mir das Geschenk
der Zeit, indem ich entspannt
und langsam spazieren gehe.

Lasse am heutigen Tag jeden Groll los,
den du gegen dich selbst hegst.
Befreie dich von allen Gefühlen
der Schuld oder Selbstablehnung.

Ich sende heilende Energie in alles,
was ich esse oder trinke, und werde
auf diese Weise vom Geist genährt.

Nimm dir heute Zeit zu tanzen.
Spiel irgendein Musikstück und fange an,
dich im Takt zu wiegen und dich spontan
durch Bewegungen auszudrücken.

Ich füttere die Vögel
und fühle, wie mein
Herz leicht wird
wie eine Feder,
und ich achte auf
die himmlischen
Zeichen der Engel,
die sie mir schicken.

Nimm's heute leicht und erlaube dem Universum, ans Werk zu gehen und deine Träume wahr zu machen.

Ich lasse meine Sorgen los, indem ich beschließe, dass Harmonie aus Liebe entsteht und nicht aus Angst und Sorge.

Verleihe allem, was in deinem
Herzen ist, durch Kreativität Ausdruck.
Die Art des Ausdrucks ist nicht so wichtig,
solange sie dir Freude bereitet.

Du bist vollkommen
liebenswert.
Deine Persönlichkeit,
Gedanken und Gefühle
sind einfach reizend,
und deine körperliche
Erscheinung ist perfekt.

Meine gesunde Selbstachtung zieht jeden und alles an, was ich mir wünsche. Ich schenke mir selbst Anerkennung.

Ich sage zu mir selbst: *Ich liebe dich.*
Ich umarme mich selbst und hege mein Inneres.

Nimm dir heute Zeit zum Schreiben und achte darauf, wie vorteilhaft sich das eigene Schreiben auf deine Gefühle und Selbstachtung auswirkt.

Ich entscheide mich
für das Glück
und fühle und denke
optimistisch.

Schließe deine Augen,
atme tief und gleichmäßig,
und visualisiere, wie du
von uns Engeln umgeben bist.

Sieh dein Herz
als eine
wunderschöne
Blume und
bitte seine
Blütenblätter,
sich sanft zu
entfalten.

Ich verdiene eine besonders gute Behandlung und belohne mich selbst mit Liebe.

Schenke heute jemandem ein Lächeln und achte darauf, wie es umso mehr zu dir zurückkommt.

Belohne dich mit kleinen Geschenken,
so oft du dich dazu angeleitet fühlst,
und erfahre ihre Wohltaten durch
gesteigerte Begeisterung und Freude.

Ich heile eine
alte Beziehung.
Ich vergebe
und vergesse
als eine
Möglichkeit,
weiterzugehen.

Ich klopfe mir selbst auf die Schulter
und gratuliere mir für alles,
was ich bisher geleistet habe.

Wir Engel verstehen dich. Wir kennen deine geheimsten Gefühle und Gedanken, und wir achten dich für das, was du gerade durchmachst.

Dein Körper neigt dazu, sich zu verspannen oder zu schmerzen, wenn er vernachlässigt wird, daher nimm dir heute Zeit, um ihn zu verstehen und anzunehmen.

Meine
liebevollen
Gedanken,
Worte und
Gefühle
besitzen
die größte
Zauberkraft
überhaupt.

Ich gebe meine Deckung auf
und erlaube mir, mich in dem
sicheren Wissen zu entspannen,
dass meine Zukunft so strahlend ist,
wie ich es nur möchte.

Du bist ein
wertvoller
Mensch,
und dieser
Planet braucht
dich, selbst
wenn du dir
deiner Aufgabe
nicht genau
bewusst bist.

Wenn du bereitwillig akzeptieren kannst,
dass dein Gegenüber anders denkt als du,
bist du auf dem spirituellen Weg
des Lernens und Wachsens einen großen
Schritt vorangekommen.

Du bist in Sicherheit
und musst dir um nichts
Sorgen machen ... weder
jetzt noch in Zukunft.

Ich bleibe bei all meinen Interaktionen mit anderen Menschen in friedvoller Liebe zentriert.

Es ist wichtig,
einen Raum
für dich
allein zu haben,
wo du beten und
meditieren kannst.

Von allen Geräuschen auf der Erde kommt der Klang des Lachens der Sphärenmusik im Himmel am nächsten.

Ich schütte meinen Engeln
mein Herz aus, so wie ich
es einem nahen Freund
gegenüber tun würde.

Ich danke mir dafür,
die schwierigen Zeiten durchgestanden
und die angenehmen genossen zu haben.

Du bist in alle Ewigkeit mit
Gott verbunden, der überall ist.

Ich erinnere mich daran,
dass meine Engel an mich glauben.
Ich bitte sie, mir zu helfen,
optimistisch zu bleiben, was mich
und meine Träume betrifft.

Ich nehme mir
Zeit und nähere
mich mit Staunen
und Entzücken
dem heutigen Tag
und achte auf
die reiche Fülle
eines jeden
Augenblicks.

Wir können dir helfen, die Neigung zum Aufschieben wichtiger Dinge zu überwinden, indem wir dir dabei helfen, deine zugrunde liegenden Ängste zu heilen.

Lass heute
dein Licht
hell erstrahlen,
Erdenengel.
Benutze es,
um einen
anderen
Menschen
zu führen.

Ich konzentriere mich auf
das Licht in meinem Inneren und
fühle seine immerwährende Wärme
in meinem Bauch, meinem Herzen
und meiner Seele.

Erkenne und fühle
das unschuldige Kind
in jedem von uns,
vor allem in dir selbst.

Ich rufe mir in Erinnerung,
dass ich nichts aus Angst oder
einem Schuldgefühl heraus tun muss.

Ich entzünde
eine Kerze
und verbinde
mich mit der
leuchtenden Kraft
meiner Gebete.

Beginne den Tag damit, indem du dir vorstellst, wie ein Leben aussehen und sich anfühlen würde, wenn du dein höchstes Potenzial verwirklicht sähest.

Ich sehe
mein Leben
jetzt in der Blüte
seiner höchsten
Vollendung.

Ruf uns in dem Moment zu Hilfe,
wo du dir schmerzhafter Gedanken
und Gefühle bewusst wirst.

Atme jedes
Empfinden
von Gefahr aus
und atme ein
wohltuendes
Gefühl von
Sicherheit und
Frieden ein.

Ich vollende ein Vorhaben,
indem ich es in kleine Schritte aufteile,
die ich ganz leicht bewältigen kann.

Wisse, dass du
reich *bist*, wenn
du dich reich fühlst.

Je mehr ich mich selbst achte,
desto mehr kann ich andere wertschätzen,
sie lieben und ihnen helfen.

Dein inneres Selbst
lacht vor Freude,
wenn du
seinen wahren
Bedürfnissen
Zeit widmest.

Wisse, dass jedes freundliche Wort,
das du heute sprichst, ein Geschenk
für beide, den Sprecher und Zuhörer, ist.

Ich entspanne mich,
gönne mir eine Ruhepause
und erinnere mich daran,
dass in der Ruhe die Kraft liegt.

Die Worte »Danke sehr« sind Grundzutaten in deinem Rezept für Gesundheit, Frieden und die Manifestation von allem, was du dir wünschst.

Wir klatschen dir Beifall für die vielen Male, wo du liebevoll gehandelt und anderen geholfen hast, ohne irgendetwas dafür zu verlangen.

Ich achte auf die Geräusche der Natur,
indem ich mich auf den lebendigen
Rhythmus der Vögel, Bäume, Tiere
und des Windes einstimme.

Ich erlaube
meinem
inneren Kind,
seine Wünsche
und Sehnsüchte
auszudrücken.

Denke heute an drei Dinge,
die du dir oder jemand
anderem wünschst.

Ich mache einen Schritt
oder mehrere in eine
positive Richtung.
Ich ehre mich selbst
durch eine liebevolle
Fürsorge für mich.

Du bist bis in alle Ewigkeit
mit dem Göttlichen verbunden –
nur in deiner Einbildung ist eine
Trennung möglich.

Ich achte
heute darauf,
dass ich
immer wieder
tief durchatme.

Ich erkenne nun an, wie weit
ich schon gekommen bin,
und ich genieße das Gefühl,
mein Wachstum und alles, was ich
erreicht habe, zu würdigen.

Liebe ist überall um
dich herum, heute
und an jedem Tag.

Ich nutze heute die Zeit für mich selbst, indem ich ins Freie gehe. Während ich die frische Luft einatme, fühle ich mich neu belebt und erfrischt.

Versuche heute dein Bestes, dich selbst bedingungslos zu lieben und dir gut zu sein.

Wähle heute Frieden statt Konflikt.
Du musst dich nicht auf
Situationen einlassen, die
Machtkämpfe heraufbeschwören.

Stell dir vor,
dass du heute
in jeder Situation
erfolgreich bist.

Gott und die Engel wachen über
meine Lieben, und ich überlasse
meine Ängste und Sorgen dem Himmel.

Ich werde aktiv, um meinen Träumen, Leiden-schaften, Talenten und Interessen nachzugehen.

Ich vertraue darauf,
dass alles, was ich mir wünsche,
bereits manifestiert ist,
und ich verdiene das Gute.

Wir wollen dir bei allem helfen, geliebtes Wesen!
Bitte denke daran, während des Tages immer
wieder unsere Hilfe in Anspruch zu nehmen.

Gottes Liebe für dich
ist so tief, dass sie nicht
in Worte zu fassen ist.

Ich genieße
den Pfad
auf dem Weg
zur Erfüllung
meiner
Träume.

Lass alle Anspannung los und
erlaube dem Himmel, das zu tun,
was er am besten kann: dich lieben.

Ich nehme alle
Wohltaten
dankbar an,
die mein Leben
mir bietet.

Erkenne heute die vollkommene Gesundheit aller, die dir begegnen, und bringe sie in deinen Worten zum Ausdruck.

Du bist
niemals
allein,
besonders
nicht in
Zeiten
großer Not.

Nimm dir einen Moment Zeit,
um dich mit Hilfe deines Atems
zu zentrieren und Körper und Geist
zu beruhigen.

Dein Mitgefühl strahlt eine sanfte und unterstützende Art von Liebe aus.

Die göttliche Zeitplanung sorgt dafür, dass dein Wunsch sich genau im richtigen Moment verwirklicht.

Lobe dich selbst dafür,
einfach der zu sein,
der du bist.

Ich unterscheide, wie meine Emotionen, Energie und Ausrichtung von den verschiedenen Farbtönen beeinflusst werden, die ich anhabe und um mich herum sehe.

Wenn du dich
freust, leuchtet
dein Licht noch
heller, und du
inspirierst andere,
selbst fröhlich
zu sein.

Wo immer ich hingehe,
sehe ich Wohlstand und öffne meine
Augen für die Fülle des Lebens.

Lass deine Hand über
Pflanzen und andere
Objekte gleiten
und spüre die von
ihnen ausstrahlenden
Energiewellen.

Ich sorge ausgezeichnet für mein Selbst. Ich lasse mir Zeit und gehe entspannt durch den Tag.

Du bist
absolut
liebenswert,
genauso
wie du
in diesem
Augenblick
bist.

Ich bin glücklich in dem Wissen,
dass ich immer auf Gott
und meine Engel zählen kann,
da sie überall sind, wo auch ich bin.

Lass heute
alle Probleme
los, durch
die du dich
angespannt
fühlst.

Die wahre Lebenskraft deiner Seele
ist zärtliches Bewusstsein. Je mehr
du dir dieser Emotion bewusst wirst,
desto lebendiger fühlst du dich.

Du kannst alles
bekommen, was
du gerne hättest.
Du musst deinen
Wunsch nur klar
äußern und darauf
vertrauen, dass er
erfüllt wird.

Deine Energiequelle ist Gott in dir,
und diese Kraft ist ständig verfügbar,
um deine Stimmung anzuheben,
wann immer du neuen Auftrieb brauchst.

Kreativität
hilft dir,
zu lernen
und zu
wachsen.

Ich erlaube mir, »Ja« zu sagen zu allen Hilfsangeboten. Ich kann ruhig Hilfe annehmen sowie Geschenke, da sie für mich bestimmt sind.

Ich bin dankbar,
und mein Herz ist
voller Frieden.

Bereichere deine Umgebung
mit neuen Düften, wie beispielsweise
durch Blumen, Duftöle, Räucherstäbchen
und anderen angenehmen Duftstoffen.

Dieses Universum
ist sicher und
voller Liebe –
sie ist überall,
wo du bist,
und füllt jeden
Raum deiner
Lebensreise aus.

Ich bitte meine Engel, mich bei der Wahl meiner Beziehungen zu führen, damit ich nur Personen, die absolut aufrichtig sind, anziehe.

Es gibt nichts zu fürchten, weder jetzt noch in Zukunft. Du bist in eine wärmende Decke göttlicher Liebe eingehüllt – also schlaf ruhig.

Du kannst physische und
energetische Giftstoffe klären,
indem du ein heißes Bad
mit reinem Meersalz nimmst.

Alles an mir ist
liebenswert,
und allein dadurch,
dass ich lebe,
bringe ich mehr
von dieser Emotion
in die Welt.

Sei heute bereit, alte Schuldgefühle oder Bedauern gegen die Gewissheit über Gottes Liebe einzutauschen.

Wir Engel sind ein sicheres Fundament in deinem Leben, und du kannst darauf zählen, dass wir zu dir stehen.

Je mehr du dir der Wirkung von Geräuschen auf dich bewusst wirst, desto feiner wird deine Sensitivität.

Ich verdiene es,
umsorgt zu werden,
und erlaube mir,
dies zu fühlen.

Atme frei, entspanne dich und
lege deinen Schutzpanzer ab,
denn deine Zukunft ist sicher.
Wir werden dich nicht enttäuschen.

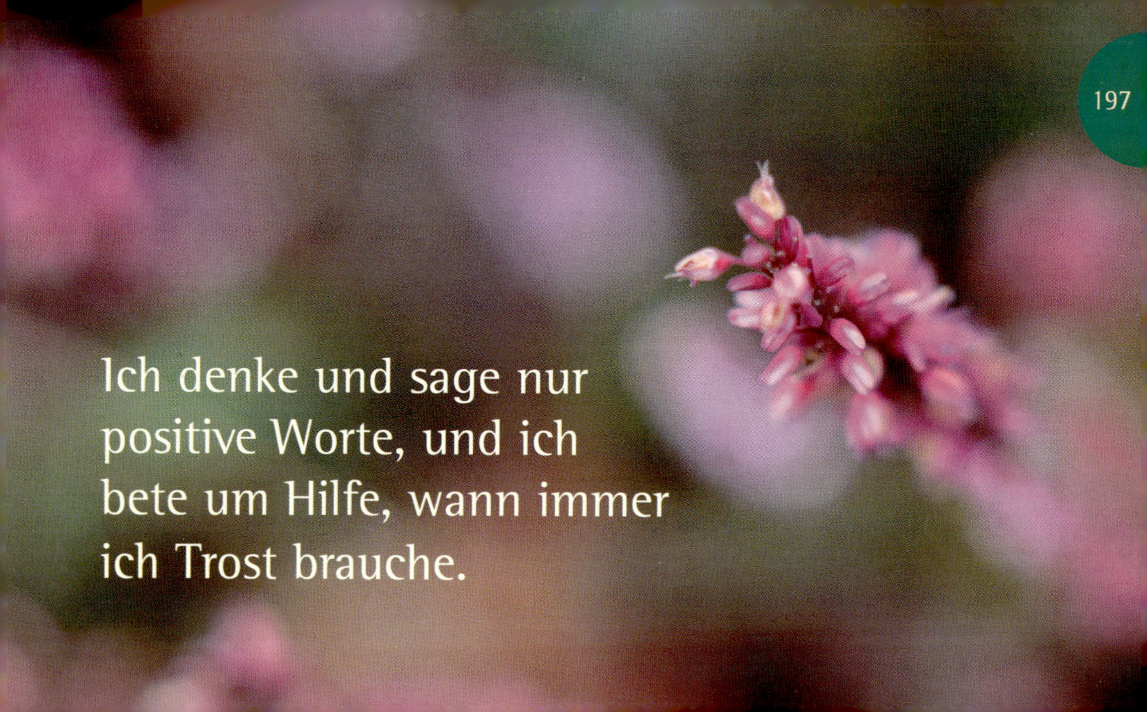

Ich denke und sage nur
positive Worte, und ich
bete um Hilfe, wann immer
ich Trost brauche.

Lieber Gott und ihr Engel, danke,
dass ihr mich zu meiner Lebensaufgabe
führt und mir helft zu erkennen,
wo und wie ich mein Bestes geben kann.

Ich höre auf meine innere Führung.
Ich achte auf meine Gedanken,
Gefühle, Visionen und Worte.

Dies ist ein Tag, an dem
du dich entspannen darfst,
daher sag – wenn möglich – deine
Termine ab und mache einmal Pause.

Mein Leben wird
durch schöpferischen
Selbstausdruck
aufregender und
bunter.

Wir Engel sind während jeder Veränderung, die du vornimmst, bei dir und gehen mit dir durch jede neue Tür.

Wenn du glücklich bist, bringst
du sowohl in dir selbst als auch in
anderen das Beste zum Vorschein.

Ich achte auf die Zeichen meiner Engel.
Ich verstehe deutlich, was ich sehe, höre,
fühle und tief in meinem Herzen weiß.

Konzentriere dich heute darauf,
das Band der Liebe zu finden, das von dir
zu anderen Menschen und zu Gott reicht.

Ich akzeptiere voll und ganz,
dass ich selbst für mein eigenes Glück
verantwortlich bin. Ich behandle
mich selbst mit Respekt und Sorgfalt.

Der Weg zur Manifestation
beginnt mit einer kristallklaren
Entscheidung über das, was du willst.

Ich übernehme die Verantwortung
für meine Stimmungen und Emotionen.
Ich habe beschlossen, mich großartig
zu fühlen.

Betrachte andere Menschen mit den Augen der Engel.

Geliebtes Wesen, du bist
ein Engel auf Erden. Du gibst
anderen selbstlos und mit Liebe,
und als Belohnung erhältst du
viel Freude und Befriedigung.

Ich bin Gottes Meisterwerk der Schöpfung,
jetzt und immer.

Du hast das Recht, so glücklich zu sein, wie du es nur wählst. Es gibt in deinem Inneren und in der Welt einen unbegrenzten Vorrat an Freude.

Ich nehme mir Zeit für Aktivitäten, die ich als erfüllend und vergnüglich empfinde.

Während du auf einem Stein,
auf Gras, Sand oder dem Erdboden sitzt,
kannst du fühlen, wie der Planet
ununterbrochen stärkende Energie
aussendet.

Richte deine
Aufmerksamkeit
darauf, echt zu sein,
was bedeutet, dich
zu deiner eigenen
Wahrheit zu bekennen
und sie zu leben.

Der heutige Tag ist für
deine Prioritäten reserviert –
den Projekten und Aktivitäten,
die deine Wunschträume ausmachen.

Lasst alles, was ich spreche,
für andere, die mir lauschen,
eine Wohltat sein.

Ich lasse jetzt heilende Energie
in mein Herzchakra strömen.
Ich kann ruhig Liebe und
Dankbarkeit fühlen.

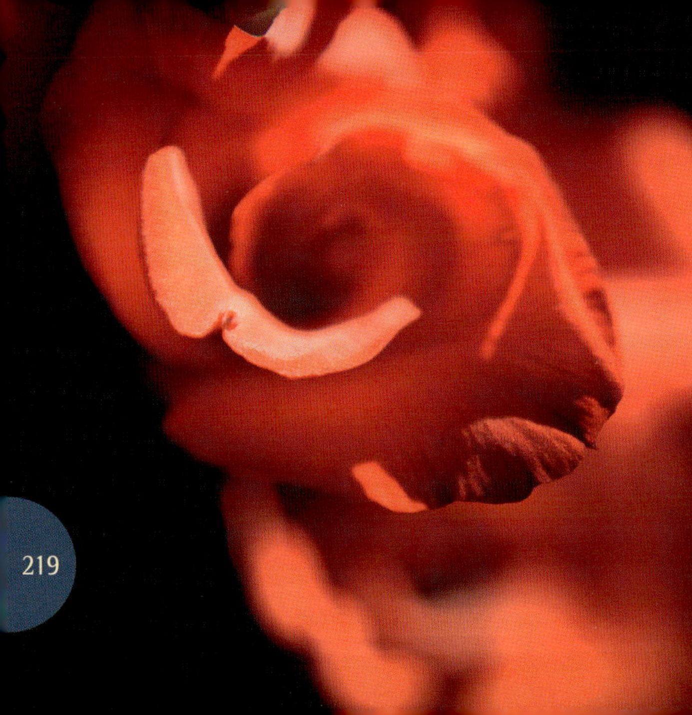

Sich selbst
anzunehmen ist
dasselbe, wie Gott
anzunehmen.
Wenn du dich
selbst für das liebst,
was du bist,
preist du damit die
Schöpfung Gottes.

Egal, was geschieht, ich bin immer mit der Liebe verbunden. Ich verarbeite meine Wut auf heilsame, liebevolle Weise.

Ich kann mich
ruhig dafür
entscheiden, was
ich möchte. Ich
bitte um Gottes
Einschreiten bei
meinen Zielen
und Wünschen.

Es gibt keinen anderen Liebestrank,
als dich selbst zu lieben und dich so
auf eine Liebesbeziehung vorzubereiten,
nach der du dich sehnst und die
du verdienst.

Ich stehe barfuß draußen in der Natur.
Ich schließe meine Augen, atme tief und
sauge die Energie der Natur in mich ein.

Mache dir selbst das Geschenk
eines friedvollen Tages.
Fühle die Gelassenheit,
die immer in dir ist.

Du bist vollkommen nett und liebenswert,
und wir mögen dich sehr.

Sag heute »Ja« zum Glück und »Nein«
zu angstbasierten Entscheidungen,
die deinen Terminplan überlasten
und dir keine Zeit mehr lassen,
zu dir zu kommen.

Ruhe in deinem
Vertrauen und
deiner Geduld
in der Gewissheit,
dass hinter den
Kulissen alles für
dich getan wird.

Ich achte auf das Fließen der Energie durch mein drittes Auge. Indem ich an der Absicht festhalte, Bilder der Liebe zu sehen, durchströmen mich Wellen von heilender Energie.

Mein Leben ist in jeder Beziehung
vollkommen – und ist es immer gewesen.

Du wurdest von dem Einen gemacht,
der die herrlichen Blumen,
Sonnenuntergänge, Berge, Vögel
und Seen erschaffen hat.

Ich gebe allen Kampf auf und
erlaube mir, das Leben zu genießen.

Wo immer du hingehst,
strahlst du gute Energie aus,
selbst wenn du dir dessen
nicht bewusst bist.

Wahre Liebe ist in
jeder Situation
unerschütterlich –
egal, was geschieht.

Ich schenke dem Jetzt Beachtung und lenke meine Aufmerksamkeit auf die Einzelheiten von allem, was ich in jedem Augenblick wahrnehme.

Umgib dich mit liebevollen Situationen,
Menschen und schöner Musik.

Segne heute jeden, dem du begegnest,
egal, ob es ein Fremder ist,
der an dir vorbeigeht, oder jemand,
den du schon länger kennst.

Sei heute
offen dafür,
den Segen und
das Geschenk
in allem zu
sehen.

Ich sehe nur Wohlbefinden,
denn das habe ich als meine Wahrheit
erkannt. Ich bin vollkommen und
in jeglicher Hinsicht geheilt.

Liebe Engel,
danke, dass ihr
alle Schnüre
durchtrennt,
die mich an
schmerzhafte
Erinnerungen
gefesselt haben.

Das einzige Hindernis,
das Geld von dir fernhält,
ist die Angst, nicht genug zu haben.

Wir Engel sind mit Gott verbunden,
mit dir und mit allen fühlenden Wesen.

Ich bin liebenswert,
so wie ich jetzt bin.
Ich erlaube mir, zu lachen
und Spaß zu haben,
und mein Licht erstrahlt hell.

Ich fühle mich
wiederbelebt
von der zärtlichen
Umarmung
meiner
Engel.

Erfreue dich heute an deiner Vollkommenheit. Sie ist kein unerreichbarer Fantasiezustand, sondern göttliche Vollkommenheit.

Gehe einen
»Nicht-Beschwerde-Pakt«
mit dir selbst ein.

Zeige heute den Menschen,
die du liebst,
wie wertvoll sie dir sind.

Ich erwarte das Beste,
und ich verdiene es – jeder verdient es.

Wenn du dich an die Zeiten erinnerst,
als du noch voller Angst warst,
wirst du erkennen, dass sich diese Ängste
nie bewahrheitet haben.

Rufe dir heute alle
deine positiven
Eigenschaften in
Erinnerung.

Du hast eine Weisheit in dir,
die unmittelbar der Quelle von
Gottes unendlichem Wissen entspringt.

Die Liebe,
die überall existiert,
ist beständig und
unantastbar.

Ich lasse alle Illusionen von
Schmerz und Leiden los.
Ich vergebe mir jetzt für alles,
was ich glaube, getan oder
nicht getan zu haben.

Die Eigenschaft,
die andere Menschen
am anziehendsten
finden, ist die
Wahrnehmung,
dass du dich
in deiner Haut
wohlfühlst.

Liebe Engel, danke, dass ihr mir helft,
fröhlicher zu werden und
die vielen Geschenke zu sehen,
die vor mir liegen.

Ich segne
und ehre den
Schritt, den
ich jetzt zur
Umsetzung
meiner großen
Träume
vornehme.

Du wirst angenehm überrascht sein,
wie oft das Universum »Ja« zu dir sagt –
und alles, was du tun musstest,
war zu fragen.

Wir Engel sind
heute hier,
um dir zu raten,
Vertrauen in
deine zuverlässige
Entscheidungs-
fähigkeit zu haben.

Ich bin wertvoll, verdiene Gutes
im Leben und kann es ruhig annehmen.
Andere Menschen fühlen sich von
meinem Erfolg inspiriert.

Ich liebe es, meinen
Geist zu beruhigen,
und genieße den
zärtlichen Klang
der Stille.

Würdige heute
die erstaunliche Macht deines
gottgegebenen Verstandes.

Rufe dir ins Gedächtnis,
dass du in einem Universum der Fülle lebst.

Ich sehe mindestens eine
gute Eigenschaft in jedem Menschen,
dem ich heute begegne.

Liebe und Anerkennung sind die Nahrungsmittel, die den Hunger deiner Seele stillen.

Ich vertraue darauf,
dass meine aktuelle Lage sich
genauso wunderbar lösen wird,
wie es in der Vergangenheit
immer der Fall war.

Ich habe Geduld
mit mir selbst
und meinem
Fortschritt.

Steigere dein Glücksgefühl heute,
indem du deinen
Lieblingsbeschäftigungen
Zeit widmest.

Male dir
»Was-wäre-
wenn?«-Träume
aus und stelle
dir vor, wie
deine Wünsche
wahr werden.

Gesunde Grenzen zu setzen bedeutet,
ehrlich zu dir selbst und zu den Personen
in deiner Umgebung zu sein.

Nimm dich
auf eine
liebevolle Weise
mit all deinen
Verhaltensmustern
an.

Fühle die Freude darüber,
so zu sein, wie du bist, indem du
jeden Menschen mit den Augen deines
mitfühlenden Herzens betrachtest.

Der Funke
des
göttlichen
Feuers
in deiner
Seele ist
dein Geist,
der niemals
altert.

Liebe und ehre heute deinen Körper.
Im Gegenzug wird er dich mit
größerer Energie und Vitalität belohnen.

Es gibt niemals eine Zeit, wo du allein bist,
da wir Engel ständig an deiner Seite sind
und jeden Augenblick über dich wachen.

Jede Phase deines Lebens hat dir geholfen, stärker, weiser, geduldiger zu werden und dich weiterzuentwickeln.

Wenn mein Herz von Glück erfüllt ist,
bekommt mein Leben magische neue Eigenschaften.

Kehre deine lebensfrohe Seite nach außen,
indem du Witze erzählst, spielst,
Spaß hast und einfach du selbst bist.

Ich verdiene es,
ein erfülltes Leben
zu haben.

Rufe dir heute
mehrfach ins Gedächtnis,
dass du Gottes volle Unterstützung hast.

Ich kann ruhig eine Bitte ablehnen,
die sich nicht richtig für mich anfühlt.

Wir haben alle Zeit der Welt,
dir zu helfen – daher sorge dich nie,
dass du uns mit deinen Anliegen
oder Gebeten belästigst.

Ich bade ununterbrochen
im wohlig warmen Meer
göttlicher Liebe.

Bevor du dir nicht selbst vergibst,
werden deine Beziehungen
mit den Menschen von deiner
Selbstablehnung vergiftet.

Ich habe
die Quelle
für alle
Antworten
jetzt und
immer
in mir.

Auch in Zeiten, wo du dich allein
und unerwünscht gefühlt hast,
wurdest du von deinem Schöpfer
bedingungslos geliebt.

Nimm dir
heute Zeit
sowohl
zum Spielen
als auch
zum Arbeiten.

Fasse heute den Vorsatz,
dass dich das Universum
auf deinem Weg vorwärts bringt.

Das Leben ist schön! Ich sehe heute
die Wunder überall um mich herum.

Alle Erfahrungen führen
am Ende zu Wachstum,
Liebe, Frieden und Heilung.

Heute bitten wir dich, an deine Ideen zu glauben. Mach den Anfang, indem du sie aufschreibst.

Jeder Schritt, den du in
Richtung deines Ziels vornimmst,
wird dem Vorhaben Leben einhauchen.

Wenn andere dich
heute loben oder dir
anerkennende Worte
sagen, nimm dieses
Geschenk mit
Dankbarkeit an.

Ich liebe es, Verbesserungen
in meinem Leben vorzunehmen
und auf diese Weise meine Energie
auf eine höhere Stufe anzuheben.

Dein Glück ist ein Schlüssel,
der viele wunderbare Türen
in deinem Leben öffnet.

Ich entscheide mich jetzt
für ein Leben im Gleichgewicht
und erlaube mir, in gleicher Weise
zu empfangen wie zu geben.

Der Moment
ist gekommen,
etwas für *dich*
selbst zu tun.

Halte die Erwartung aufrecht,
bald wundervolle, harmonische
Verbindungen zu anderen zu haben,
und es wird sich unvermeidlich
so ergeben.

Die Reise zu den äußersten Grenzen der Liebe
ist die wichtigste Reise von allen.

Ich betrachte meine Welt
mit anderen Augen und sehe Dinge
aus einer neuen Perspektive.

Anstatt auf einen Feiertag,
einen Jahrestag oder
Geburtstag zu warten,
feiere doch einfach heute!

Sprich sanft zu deinem Herzen,
beruhige es und bitte es,
sich für die Liebe zu öffnen,
die dich ständig umfängt.

Wenn du
Geduld mit dir
selbst aufbringst,
drückst du
damit Mitgefühl
für deine eigene
Person aus.

Ich lasse alle Urteile
über mich selbst und andere los,
damit ich die wahre Einheit allen Seins
erfahren kann.

Liebe heilt mich
schneller als
Selbstverurteilung.

Das Leben ist dazu vorgesehen,
dir süßen Genuss zu bieten,
auch während du deine Aufgabe und
andere Verpflichtungen erfüllst.

Du bist für
alle Zeiten
von unseren
Flügeln
umhüllt.

Ich entscheide mich,
mein Leben als ein Meisterwerk
der Schöpfung Gottes zu gestalten.

Zufriedenheit ist der sicherste Seinszustand,
da er der natürlichste ist.

Du bist intelligent, weise und fähig, dich willentlich auf etwas auszurichten und zu konzentrieren.

Ich halte
an meinen
Träumen fest,
egal, was
passiert, denn
sie sind mein
persönliches
Schicksal.

Ich lächele die Menschen an
und genieße den Gedanken,
dass meine eigene Freude
eine positive Kettenreaktion auslöst.

Je mehr du dir deiner mentalen Geschenke bewusst bist, desto besser werden sie dir nützen.

Wie in einem guten Film ist mein Leben mit wunderbaren, liebenswerten Darstellern besetzt (dazu gehöre auch ich).

Halte während des Tages
an deiner Absicht fest,
leichten Herzens zu sein
und damit bewusst
Gottes Leuchten in dein
Innerstes zu holen.

Ich glaube an mich und
bin mir gewiss, dass ich alles habe,
was ich brauche, um meine Ideen
in die Tat umzusetzen.

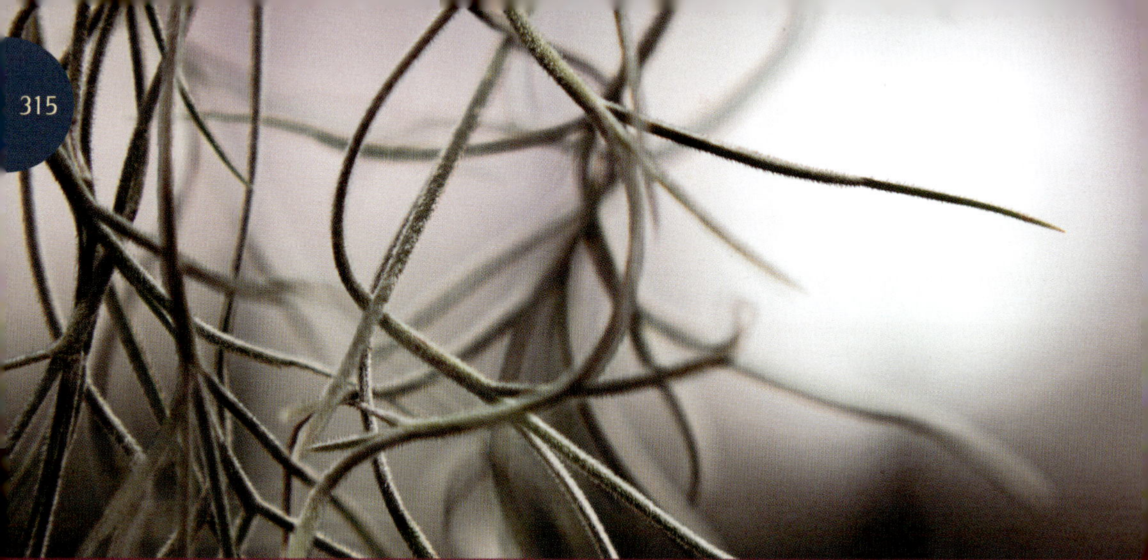

Viele deiner Ideen sind göttlich
inspirierte Antworten auf deine Gebete.

Ich bin voller Staunen und Entzücken.
Ich bemerke die feinen Einzelheiten und
Unterschiede um mich herum.

Du hast gewaltige Fähigkeiten und Talente,
die du direkt von deinem Schöpfer geerbt hast.

Wirklich wichtig ist nur,
wie sehr du während deiner
Zeit auf der Erde geliebt hast.
Das ist alles, was zählt.

Gehe sanft mit dir um, auch was
deine Verpflichtungen und Ziele betrifft.

Müdigkeit tritt auf,
wenn du zu viel gibst und
nicht genug zurückbekommst.

Erlaube uns,
dir zu geben,
um deinen
Geist neu zu
beleben und
zu stärken.

Nähre dich heute an Spaß, Freundschaften, Sonnenuntergängen und dem Duft von Blumen.

Ich achte auf
die Signale
meines Körpers,
die anzeigen,
dass es Zeit
zum Ausruhen
ist.

Ich öffne jetzt die Schleusen der Fülle, denn ich bin empfänglich für den universellen Fluss des Wohlstandes.

Richte dich
heute stolz auf
und erkenne,
dass du ein
wertvoller
Mensch bist.

Anstatt dir über das Schlimmste, das passieren könnte, den Kopf zu zerbrechen, richte deine Aufmerksamkeit auf die Frage: *Was wäre das Beste?*

Ich vertraue meinen Gefühlen,
da Gott über sie zu mir spricht.

Du verdienst all das Großartige,
das das Leben nur bieten kann.
Löse heute deinen Bonus ein und
beschließe, eine wundervolle
Zeit zu haben.

Ich bin motiviert und gut organisiert,
um das umzusetzen, woran ich glaube.

Lege heute alles, was dich stört, vertrauensvoll in die offenen und bewährten Hände des Schöpfers.

Ich nehme Rücksicht auf mich –
immer mit der Ruhe.

Erfreue dich am strahlenden Licht,
das wie die Morgenröte leuchtet
und jegliche Dunkelheit vertreibt.

Sende heilende
Energie in dein
Leben – in alle
Richtungen der Zeit,
Vergangenheit,
Gegenwart und
Zukunft.

In dem Wissen, dass jeder seinen eigenen, einzigartigen Weg zu gehen hat, lasse ich den Drang los, mich mit anderen zu vergleichen.

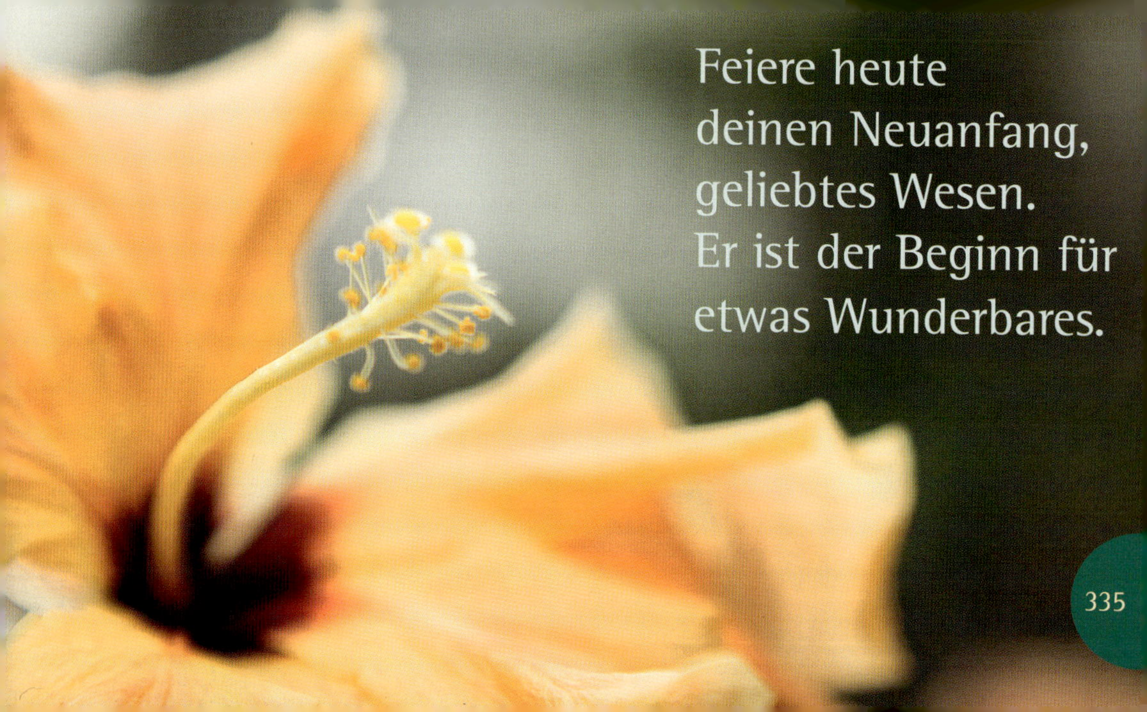

Feiere heute
deinen Neuanfang,
geliebtes Wesen.
Er ist der Beginn für
etwas Wunderbares.

Liebe ist eine ewig währende Energie,
die sich nie auflösen kann,
sondern wächst und unzählige
Gestalten annimmt.

Was ängstigt oder verunsichert dich,
geliebtes Wesen? Behalte diese Gefühle nicht
für dich allein. Übergib sie uns Engeln!

Vertraue den Gedanken,
die dir heute in den Sinn kommen,
die Dienen, Lieben, Heilen und
Inspirieren hervorheben.

Manchmal bedeutet
weitergehen,
dass du etwas
zurücklassen musst.

Bitte heute den Himmel um Hilfe bei jedem Thema, bei dem du Führung oder Unterstützung benötigst.

Würdige deine
Sanftmut,
indem du heute
raue Energien
meidest.

Stelle dir jetzt die Frage:
Wie soll mein Tag sein?
Gestehe dir zu, nur höchste Energien
zu visualisieren und zu fühlen.

Wenn ich nach meinem
wahren Selbst lebe,
bin ich leichten Herzens.

Alle meine Erlebnisse haben mir wunderbare Lektionen erteilt und mich zu dem gemacht, der ich heute bin.

Das Universum gibt dir und jedem, der mit dem göttlichen Fluss zusammenarbeitet.

Der Weg zu Erfolg und Wohlstand
ist mit Dankbarkeit und dem
Bewusstsein der Fülle gepflastert.

347

Ich richte meine Aufmerksamkeit auf die Dinge,
die ich mit anderen gemeinsam habe.

Meine Lieben und ich sind alle völlig gesund. Ich bin heil und ganz, weil Gott mich so erschaffen hat.

Ehrlichkeit dir
selbst gegenüber
bedeutet,
selbst dein bester
Freund zu sein.

Egal, wie alt du bist,
das Kind in deinem Inneren
braucht nach wie vor deine
Aufmerksamkeit, Fürsorge und Liebe.

Ich segne
die Zeit,
die ich
mit den
Menschen
geteilt
habe, die
ich liebe.

Nur ein ruhiges Herz kann
die Stimme Gottes klar verstehen,
die dich friedlich zu den
Lösungen führt, die du suchst.

Während deines ganzen Lebens kannst du dir sicher sein, dass wir dich immer lieben werden.

*B*enutze deine Erinnerungen als Katalysator, um dir den nötigen Antrieb zu geben und dich auf eine noch großartigere Zukunft vorzubereiten.

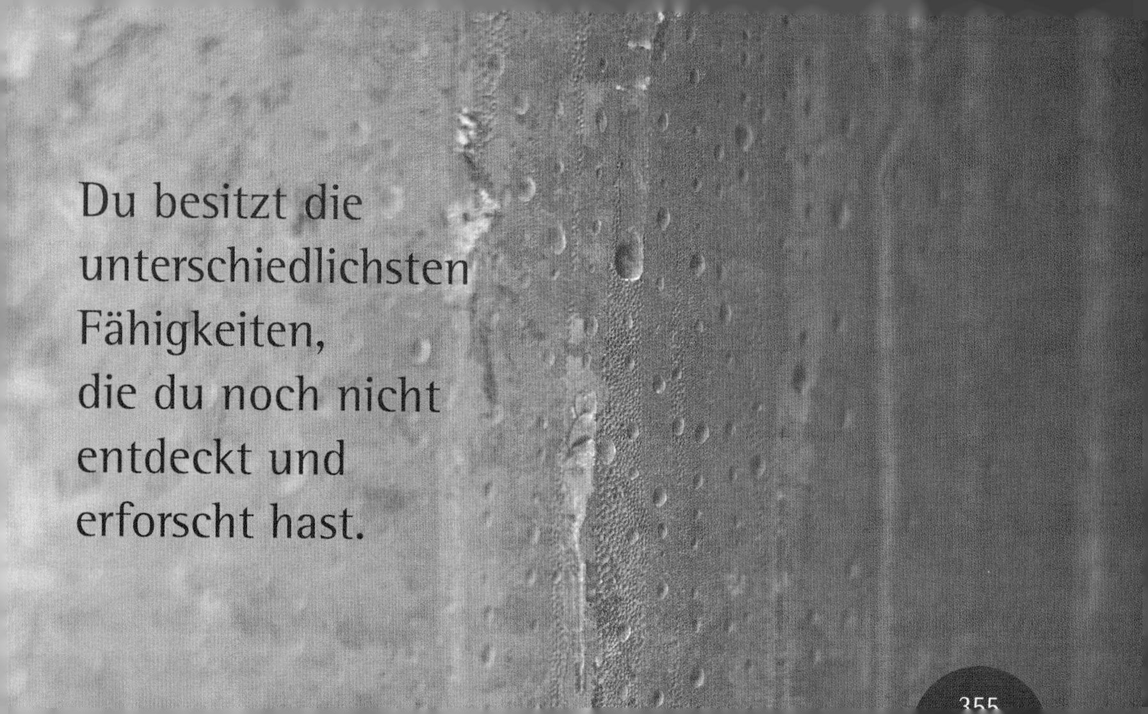

Du besitzt die
unterschiedlichsten
Fähigkeiten,
die du noch nicht
entdeckt und
erforscht hast.

Ehre deine Mutter, deinen Vater
und jeden, der dir aus
deiner persönlichen Geschichte
in den Sinn kommt.

Ich gehe furchtlos voran,
denn meine Engel
beschützen und führen mich.

Denke daran, dass du niemals
etwas tun musst, was du nicht willst.
Du hast immer die Freiheit,
dich nach deinem Willen zu richten.

Bei allem, was du tust
oder dir wünschst,
ist Liebe der Schlüssel.

Mein Herz, Geist und meine Arme sind weit geöffnet, um all das Gute zu empfangen, das das Universum mir jetzt bietet.

Du hast
ein Genie
in deinem
Inneren,
genau
wie jeder
andere.

Bedanke dich für die Liebe,
die du in allen deinen Beziehungen
mit den anderen geteilt hast …
sie ist ein heiliges und bleibendes
Geschenk Gottes.

Das universelle
Gedächtnis
sprudelt über
vor unendlichen
vielen Ideen,
die du jederzeit
anzapfen kannst.

Ich lege meine beschränkenden Glaubenssätze ab und weiß, dass alles möglich ist.

Gott und ihr Engel,
leitet mich an,
jeglichen alten
Schmerz, Wut
oder Verletzungen
zurückzulassen
und das neue Jahr
mit einem reinen
und offenen Herzen
zu beginnen.

Bibliografie

Von Doreen Virtue sind in unserem Haus erschienen:

Bücher

Angel Dreams (Allegria) – Himmlische Fülle (Allegria) – Engel-Worte (Allegria) – Chakra Clearing (Allegria) – Engel-Notruf (Allegria) – Feen-Notruf (Allegria)

Engel-Detox – Erzengel Gabriel – NEIN sagen mit den Engeln der Erde – Die Blumen der Engel – Alles über Erzengel – Alles über Engel – Maria – Königin der Engel – Die Engel-Therapie – Alles über Erzengel – Das hungrige Herz – Erzengel Raphael – Erzengel Michael – Der Tempel der Engel – Medizin der Engel – Erzengel und wie man sie ruft – Botschaft der Engel – Die Zahlen der Engel – Die Heilkraft der Engel – Die Heilkraft der Feen – Engel-Gespräche – Neue Engel-Gespräche – Engel der Erde – Dein Leben im Licht – Das Heilgeheimnis der Engel – Zeit-Therapie – Kristall-Therapie – Engel-Hilfe für jeden Tag – Die neuen Engel der Erde – Der Hunger nach Liebe

CDs

Engel-Detox – Die Blumen der Engel – Engel-Worte – Maria- Königin der Engel – Meditationen zur Engel-Therapie – Rückführung mit den Engeln – Erzengel Michael – Erzengel Gabriel – Das Geschenk der Engel – Medizin der Engel – Die Engel von Atlantis – Die Engel der Liebe – Engel der Erde – Heilkraft der Engel – Himmlische Helfer – Heilgeheimnis der Engel

Von Doreen Virtue sind in unserem Haus erschienen:

Kartendecks

Das Antworten der Engel-Orakel – Schutzengel-Tarot – Das Erzengel-Tarot – Das Engel-Tarot – Das Blumen der Engel-Orakel – Maria – Königin der Engel-Orakel – Das Traum-Orakel der Engel – Das Engel der Liebe-Orakel – Das Lebensorakel der Engel – Das Engel-Therapie-Orakel – Das Engel-Orakel für jeden Tag – Das Heil-Orakel der Feen – Das Erzengel-Orakel – Das Erzengel Michael-Orakel – Das Heil-Orakel der Engel – Das Orakel der himmlischen Helfer – Das Einhorn Orakel – Magisches Orakel der Feen

DVD

Angel Reading

Kalenderaufsteller

Himmlische Hilfe für jeden Tag – Deine Engel für das ganze Jahr

William Paul Young
Die Hütte
für jeden Tag
365 Meditationen und Gedanken zur Güte Gottes
Allegria

Allegria ist ein Verlag der Ullstein Buchverlage GmbH

ISBN: 978-3-7934-2139-9

Der Text wurde für die deutsche Ausgabe gekürzt
und zusammengestellt von Vera Baschlakow.

Umschlaggestaltung: FranklDesign, München
Covermotiv: © Hay House
Fotografien (Innenteil): © Michaela Philipzen, www.photoecken.com,
außer Seiten: »Einladung«, 1, 17, 33, 49, 65, 81, 97, 113, 129, 145, 161,
177, 193, 209, 225, 241, 257, 273, 289, 305, 321, 337, 353, 365 © fotolia
Grafiken (Innenteil): © fotolia
Gesetzt aus der Rotis Semi Serif/Satz: Keller & Keller GbR
Repro: bildpunkt, Berlin
Printed by Tien Wah Press